OS DINOSSAUROS ERAM CRIATURAS INCRÍVEIS QUE VIVERAM NA TERRA HÁ MILHÕES DE ANOS!

ALGUNS DINOSSAUROS ERAM ENORMES!

O TIRANOSSAURO REX ERA UM DOS DINOSSAUROS MAIS FAMOSOS E TINHA DENTES AFIADOS COMO FACAS!

OS DINOSSAUROS PODIAM SER HERBÍVOROS, COMENDO APENAS PLANTAS, OU CARNÍVOROS, QUE COMIAM OUTROS ANIMAIS.

EXISTIAM DINOSSAUROS QUE VOAVAM, COMO O PTEROSSAURO, QUE TINHA ASAS GIGANTES!

OS DINOSSAUROS BOTAVAM OVOS, ASSIM COMO AS AVES MODERNAS.

UMA MAMÃE E SEU BEBÊ DINOSSAURO.

ALGUNS DINOSSAUROS TINHAM ESPINHOS OU PLACAS EM SUAS COSTAS PARA SE PROTEGEREM DE PREDADORES.

O PESCOÇO LONGO DE ALGUNS DINOSSAUROS AJUDAVA A ALCANÇAR FOLHAS ALTAS DAS ÁRVORES PARA SE ALIMENTAR.

OS DINOSSAUROS VIVERAM EM DIFERENTES PERÍODOS GEOLÓGICOS, COMO O JURÁSSICO E O CRETÁCEO.

OS DINOSSAUROS CAMINHAVAM SOBRE PATAS FORTES E TINHAM GARRAS AFIADAS PARA SE DEFENDEREM.

O TRICERATOPS TINHA TRÊS CHIFRES EM SEU ROSTO E ERA UM DINOSSAURO HERBÍVORO MUITO RESISTENTE.

OS DINOSSAUROS TINHAM UMA INCRÍVEL DIVERSIDADE DE FORMAS, TAMANHOS E CORES, POR ISSO SÃO FASCINANTES.

OS DINOSSAUROS FORAM EXTINTOS HÁ CERCA DE 65 MILHÕES DE ANOS, MAS SEU LEGADO VIVE ATRAVÉS DOS FÓSSEIS.

OS PALEONTÓLOGOS SÃO CIENTISTAS QUE ESTUDAM FÓSSEIS DE DINOSSAUROS PARA DESCOBRIR COMO ELES VIVIAM, SE ALIMENTAVAM E SE COMPORTAVAM.

ESTUDAR DINOSSAUROS NOS AJUDA A ENTENDER MELHOR A HISTÓRIA DA VIDA NA TERRA E COMO NOSSO PLANETA MUDOU AO LONGO DO TEMPO!